摩洛哥
MOROCCO

中国银行股份有限公司 编
社会科学文献出版社

摩洛哥
MOROCCO

中国驻摩洛哥大使馆
（Embassy of the People's Republic of China in the Kingdom of Morocco）

地址：16，Charia Ahmed Balafrej - Souissi - Rabat

领事保护热线：00212-661-193314

网址：http://ma.china-embassy.org，http://ma.chineseembassy.org

摩洛哥
MOROCCO

序

2013年,国家主席习近平在出访中亚和东南亚国家期间,先后提出共建"丝绸之路经济带"和"21世纪海上丝绸之路"的重大倡议,向全世界宣告了亿万中国人民谋求和平发展,与沿线国家和地区共同合作、共建繁荣的美好愿景。"一带一路"战略布局无疑成为当今世界最大的系统性工程,得到国际社会的广泛响应。

道之大者,为国为民。作为中华民族金融业的旗帜,中国银行早已将"为社会谋福利,为国家求富强"的信念植入血脉。在一百多年的发展进程中,不断顺应历史潮流,持续经营、稳健发展,为民族解放、社会进步、国家繁荣做出重要贡献。站在新的历史机遇期,以"担当社会责任"为己任,以"做最好的银行"为目标的中国银行,依托百年发展铸就的品牌价值和全球服务网络,利用海外资金优势,实现全球资源配置,护航"一带一路"战略,不仅具有得天独厚的优势，更是义不容辞的责任。

　　金融业是经贸往来的"发动机"和"导流渠"，是支持"一带一路"建设的中坚力量。中国银行作为国际化、多元化、专业化程度最高的国有股份制商业银行，截至2015年底，已在"一带一路"沿线18个国家设立分支机构，未来，将持续完善全球布局，增加对"一带一路"沿线国家的机构覆盖。可以肯定地讲，中国银行完全有能力承担起国家赋予的责任与使命，为构建"一带一路"金融大动脉做出重要而独特的贡献。

　　"一带一路"建设投资规模大、周期长，涉及众多国家和地区，金融需求跨地区、跨文化差异明显，这对银行业提出了新的挑战。如何跟上国家对外投资的步伐，如何为"走出去"企业铺路搭桥，如何入乡随俗、实现文化融合，成为我行海外发展面临的一系列重要问题。《文化中行——"一带一路"国别文化手册》（以下简称《手册》）正是在这个大背景下应运而生。《手册》从文化角度出发，全面介绍了我行已设和筹设分支机构的"一带一路"沿线国家的政治经济环境、金融发展业态、民俗宗教文化等，为海外机构研究发展策略、规避经营风险、解决文化冲突、融入当地社会提供实用性、前瞻性的指导和依据。对我行实现跨文化管理，服务"走出去"企业，指导海外业务发展，发挥文化影响力，实现集团战略都具有重要的价值。

最好的银行离不开最好的文化。有胸怀、有格局的中行人,以行大道、成大业的气魄,一手拿服务,一手拿文化,奔走在崭新又古老的"丝路"上。我们期待《手册》在承载我行价值理念,共建区域繁荣的道路上占有重要一席,这也正是我们实现文化"走出去"战略的题中应有之义。

田国立

2015 年 12 月

目录

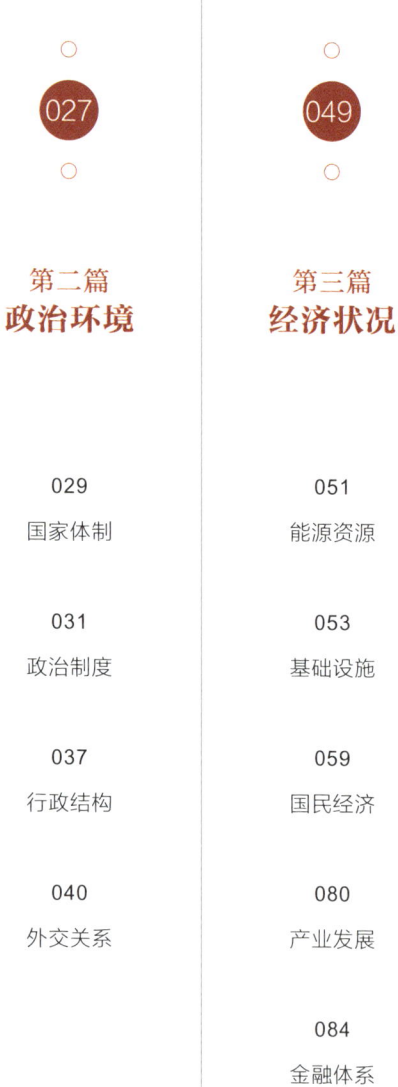

CONTENTS

第一篇
国情纵览
009

011
人文地理

016
气候状况

018
文化国情

第二篇
政治环境
027

029
国家体制

031
政治制度

037
行政结构

040
外交关系

第三篇
经济状况
049

051
能源资源

053
基础设施

059
国民经济

080
产业发展

084
金融体系

第四篇
双边关系

091
双边政治关系

092
双边经济关系

095
摩洛哥主要华人商会

096
摩洛哥当地
主要中资企业

附　录

101
世界银行·营商
环境指数

106
跋

108
后　记

摩洛哥
MOROCCO

第一篇
国情纵览

摩洛哥
MOROCCO

一　人文地理

1　地理概况

1956年3月2日，摩洛哥独立，1957年8月14日，定国名为摩洛哥王国（The Kingdom of Morocco），简称摩洛哥。

摩洛哥位于非洲大陆西北部，国土面积约为44.66万平方公里（不包括西撒哈拉的25.21万平方公里），其中，陆地面积44.63万平方公里，水域面积250平方公里。陆地边界线长达2017.9公里，其中，与阿尔及利亚的边界线长1559公里，

摩洛哥位于非洲大陆西北部

卡萨布兰卡
图片提供：达志影像

与西撒哈拉的边界线长443公里。海岸线长1835公里。

摩洛哥北濒地中海，与南欧各国（西班牙、葡萄牙等）隔海相望；西北角的领土隔直布罗陀海峡（宽约15公里）与欧洲西南角的西班牙相对；西濒大西洋，与美洲大陆遥相呼应。摩洛哥东面和东南面与阿尔及利亚接壤，南面是西撒哈拉地区。

摩洛哥位于欧洲、非洲两个大陆和地中海、大西洋两个水域的交界处，扼守着地中海出入大西洋的门户，是欧洲、非洲、西南亚及美洲各国和地区海、陆、空之间活跃的交通要道。摩洛哥有"北非花园"的美称，环境优美，气候宜人，卡萨布兰卡、马拉喀什、非斯和阿加迪尔都是著名的旅游胜地。

2　历史沿革

摩洛哥是非洲古老的国家之一，历史上曾经被腓尼基人、罗马帝国和拜占庭帝国占领，这里最早的居民是柏柏尔人。阿拉伯人于7世纪进入这个地区，并经历了几次王朝更替。摩洛哥的历史是一部王朝统治的历史。从1664年开始，阿拉维王室统治摩洛哥至今已超过350年，是除日本王室之外延续时间最长的王朝。20世纪初，摩洛哥曾经先后被西班牙和法国殖民统治。1956年，摩洛哥王国取得独立，1957年8月14日定国名为摩洛哥王国，穆罕默德五世成为摩洛哥独立后的第一位国王。1961年2月穆罕默德五世国王逝世后，其子穆莱·哈桑王储即位，称哈桑二世。1999年7月23日哈桑二世国王病逝，其长子西迪·穆罕默德王储同日即位，称穆罕默德六世。

3　人口综述

截至2013年，摩洛哥人口总量为3322万人，城市人口占总人口的1/2以上。西撒哈拉人口为4.2万人，定居的有3万人，其余多为游牧民，主要是摩尔人和阿拉伯人。

摩洛哥首都为拉巴特，人口约为165万人。其他重要城市的人口情况为：卡萨布兰卡，563万人；非斯，178万人；乌季达，177万人；马拉喀什，117万人；梅克内斯，100万人；丹吉尔，91万人。

4 语言文字

摩洛哥官方语言为阿拉伯语,通用法语。

特别提示

★ 摩洛哥属于0时区,而我国属于东8时区,两地时间相差8个小时。

★ 摩洛哥北方的丹吉尔港和休达港是地中海通往大西洋的"咽喉",其战略地位十分重要。

★ 摩洛哥的华人数量不多,为2000人左右,其中一半以上的华人集中在卡萨布兰卡工作和生活。

二 气候状况

摩洛哥地处非洲西北部,属亚热带气候,夏季较干燥炎热,冬季温和潮湿。由于濒临大西洋和地中海,阿特拉斯山脉又挡住了南部撒哈拉沙漠的热浪,摩洛哥的气候温和宜人,四季花木繁茂,有"烈日下的清凉国土"的美誉。

摩洛哥又是一个位于不同自然带交接处、濒临海洋的山国,自然环境独特,具有多种气候类型,自北向南共分为四种。第一种,摩洛哥北部和中部沿海地区受地中海影响,属地中海型气候。冬季温和潮湿,夏季炎热湿润,年平均气温在18℃左右,年降水量从北部的700~800毫米递减到南部的300~400毫米。每年4~9月为旱季,10月至翌年3月为雨季。第二种,西部和西北部的大西洋沿海地区,因受大西洋影响,气候温和,属亚热带地中海型气候。夏季较炎热干燥,冬季温和湿润。卡萨布兰卡1月平均气温为12℃,8月为23℃。第三种,中部内陆地区,包括大、中、小阿特拉斯山地,属亚热带山地气候。常年温和湿润,气温随海拔高度的增加而递减,垂直分布特征明显。第四种,大阿特拉斯山以南及东部地区,属沙漠型气候。

特别提示

★ 摩洛哥及周边地区多地震,历史上曾发生过几次影响较大的地震。

★ 基于摩洛哥的气候特征，区域性自然灾害时有发生。例如，南部、东南部地区的酷暑、沙尘暴；每年雨季（10月、11月至第二年的2月、3月）西部沿海地区的洪水以及山区局部、即时的冰雹、滑坡、泥石流等；每年旱季的季节性干旱等。

★ 摩洛哥重视环境保护，当地环境状况良好。

三 文化国情

1 民族

摩洛哥人口中，75%为阿拉伯人，20%为柏柏尔人，5%为其他民族。阿拉伯人是摩洛哥的主要居民，柏柏尔人是摩洛哥的土著居民。摩洛哥还有5万多外国移民，包括法国人、西班牙人、意大利人、葡萄牙人和德国人等。

特别提示

★ 区分阿拉伯人和柏柏尔人的主要方法：一是相貌差别；二是语言差别，即阿拉伯语和柏柏尔语。

2 宗教

摩洛哥宪法明确规定：伊斯兰教是国教。摩洛哥居民中98.7%的人信奉伊斯兰教，主要信奉逊尼派的马立克教法学派。伊斯兰教义对摩洛哥的社会生活和家庭生活影响极大。摩洛哥的基督教徒占总人口的1.1%，犹太教徒占0.2%。基督教徒在卡萨布兰卡和丹吉尔建有教堂。

特别提示

★ 摩洛哥人受宗教的约束,一般不吃猪肉、不饮酒,也很少有人吸烟。

★ 在摩洛哥,进清真寺必须脱鞋。

★ 摩洛哥人每天要做5次祈祷,不管在什么地方,到祈祷的时间就会面向东方做祷告,非常虔诚。

★ 在摩洛哥,与人交谈不要涉及宗教禁忌方面的问题。

★ 斋月期间,除了摩洛哥人在白天不能吃喝,境内所有的外国人都是照常生活的,但不要当众饮水、进食或吸烟,因为这会被视为对穆斯林法规的冒犯,情节严重的会被警察抓起来。

★ 在摩洛哥,一到斋月,社会生活节奏变得缓慢,下午3点以后,办公机构就基本空了,这时要找人办事比较困难。

★ 斋月期间,公共服务水平也与平常不一样。普通餐馆在没有解禁前一律关门谢客。如果碰到服务不如意的事,不要轻易去抱怨和提意见,因为这样做既于事无补,还会招致反感。

3 风俗与禁忌

(1) 民族服饰

摩洛哥人的服装和服饰分两类,一类是传统服装,在城市和农村,多数人仍穿着传统的民族服装;一类是受西方影响的服饰。随着时代的变迁,摩洛哥的服装和服饰在式样和色彩方面都发生了很大的变化。

在摩洛哥的传统服装中,男人一般穿一件长到脚面、带帽的白色长袍(长袍有多种用途,既可做大衣和外套,又可做睡衣和毯子),头戴一顶有黑色流苏、四寸高的硬壳红绒帽,脚

摩洛哥索维拉城,传统的穆斯林婚礼
图片提供:达志影像

上穿一双白色或黄色的生羊皮尖头拖鞋，头上还经常戴一块厚头巾，天热时用于隔热防晒，天冷时用来御寒防风。摩洛哥虽然是穆斯林国家，但现在妇女很少戴面纱，只有少数妇女保持这种习惯。这些妇女在脸上裹着黑色或素色的面纱，只露出两个眼睛。已离婚或孀居的妇女，穿的是光顶斗篷，以示她们可接受求婚。

（2）饮食文化

摩洛哥饭菜式样丰富、讲究传统。特色饮食有：一种是被称为"巴斯蒂亚"的大酥饼，它的外面是一层极薄而酥脆的面皮，上撒一层糖粉，里面包有鸽子肉、鸡蛋、杏仁、蔬菜等，每张大饼可供七八个人同桌而食；还有一种是被称为"哈里拉"的斋月汤，这是一种糊糊汤，里面有肉丁、大米、鹰嘴豆、面粉及各种香料，吃的时候往汤里挤一些鲜柠檬汁，味道可口；另外，还有被称为"库斯库斯"的饭和烤全羊、羊肉串、甜食、水果等。

摩洛哥人喜欢喝中国的绿茶，但均在煮后加入薄荷和糖。摩洛哥人一日三餐都喝茶。在亲朋相聚、婚礼、喜丧、宗教活动和官方宴会等场合，摩洛哥人均以茶飨客，这已成为一种民族礼节。摩洛哥人喝的茶是一种薄荷茶。

（3）社交礼仪

摩洛哥人与客人相见时，一般惯用拥抱礼，握手礼也日益普及。摩洛哥女子与客人相见时，往往施屈膝礼。他们视茶为迎宾待客的佳品。

摩洛哥的阿拉伯人接、送礼物时，只用右手而不能用左手，

摩洛哥美食
图片提供：达志影像

去摩洛哥的阿拉伯人家做客，如果见到主人的妻子，可以表示问候，但不可过分亲热，更不要主动去握手。在体态语言方面，如果伸出中指再弯回来，则表示有暧昧关系，是轻浮的表现。

4　重要节日

摩洛哥的主要节日有：独立宣言日，1月11日；独立日，3月2日；劳动节，5月1日；国王登基日，7月30日；国王与人民革命日，8月20日；青年节（国王生日），8月21日；绿色进军节，11月6日。

另外，还有回历新年、开斋节、宰牲节和圣纪节（纪念先知生日，回历节日按回历计算，每年有所不同）。每年8月前后为摩洛哥休假期,政府等公职部门和企业的职员会陆续休假。

扩展阅读

2月8日 圣纪节

圣纪节是伊斯兰教的重要节日,为纪念先知穆罕默德的诞辰日而设,但逊尼派和什叶派纪念圣纪节的日期不同。逊尼派的圣纪节是伊斯兰历3月12日,什叶派是3月17日。

8月18日 开斋节

开斋节,也叫肉孜节,是全球穆斯林庆祝斋月结束的节日,为伊斯兰历闪瓦鲁月的第一天。开斋节这天,穆斯林一般很早起床,祈祷后就可以吃一些东西,象征斋月结束,然后出去团拜,互相拥抱问候,恢复朋友和亲友之间的联系。穆斯林在这一天都穿节日服装,喜气洋洋。

10月24日 宰牲节

宰牲节是伊斯兰教的重要节日,为伊斯兰历每年的12月10日,麦加朝圣过后。在宰牲节这一天,穆斯林们要穿新衣,屠宰牲口,不仅要将肉食留给自己家人,而且要分送给穷人,要确保所有的穆斯林都有一份肉食。欢乐情景如同中国过年一样。

11月6日　绿色进军节

绿色进军（Green March），是摩洛哥政府在1975年11月发起的一次大型群众游行活动，目的是迫使西班牙放弃对西撒哈拉地区的控制。1975年11月6日，大约35万非武装的摩洛哥平民，响应摩洛哥国王哈桑二世的号召，在政府的组织和军队的保护下，从摩洛哥南部城市出发，举着代表伊斯兰教的绿色旗帜（"绿色进军"由此得名），越过摩洛哥和西撒哈拉地区之间的分界线。当时西班牙无意卷入战争，于是在一周之后匆忙与摩洛哥和毛里塔尼亚签订了《马德里协议》，承诺在次年初从西撒哈拉全部撤军，放弃这块殖民地。

特别提示

★ 未经主人许可，不脱鞋不得进入其宅居。

★ 摩洛哥人宴请宾客一般要上茶三次，客人若谢绝，会被认为不礼貌。

★ 摩洛哥人忌讳数字13，还忌讳白色，认为白色象征着贫穷。

★ 在摩洛哥，人们见面交谈忌讳打探年龄、收入、情感等隐私。

★ 与摩洛哥人谈生意，对他们约会迟到要有充分的思想准备，并且在其迟到后不能有责怪的表示。他们认为这是一种社交风度。

★ 摩洛哥的节假日特别多，当你看到处处都是摩洛哥的红色国旗高高飘扬时，就是到了摩洛哥的节假日了。

摩洛哥
MOROCCO

第二篇
政治环境

摩洛哥
MOROCCO

一　国家体制

1　国体、元首及国家标识

摩洛哥为君主制国家。摩洛哥国王是国家元首和武装部队的最高统帅，在立法、行政、司法等各领域均享有最高权力，但在名义上要受到宪法一定程度的约束。摩洛哥国王还是宗教领袖，拥有一个特殊的宗教头衔——埃米尔·穆阿民（意为"信士的长官"）。

摩洛哥现任国王是穆罕默德六世，全名为西迪·穆罕默德，为摩洛哥前国王哈桑二世的长子，1979 年被立为王储，1999 年 7 月 30 日登基，成为摩洛哥阿拉维王朝的第 22 位君主。穆罕默德六世国王即位后，注重发展经济，强调依法治国。穆罕默德六世 2011 年 6 月 17 日晚发表全国电视讲话：根据修宪委员会提交的新宪法草案，国王将放弃重要权力，而首相和议会

摩洛哥国旗　　　　　　摩洛哥国徽

的权力将扩大。在正式场合，官方媒体对国王的称呼是"摩洛哥王国国王、穆斯林的首领穆罕默德六世陛下"。

2 宪法概述

摩洛哥独立以来已颁布 6 部宪法。现行宪法于 2011 年 7 月 1 日经公投通过。宪法规定：摩洛哥为君主立宪制国家；国王是国家元首、宗教领袖和武装部队最高统帅；首相是政府首脑，由议会选举中得票最多的政党任命，拥有提名和罢免大臣、解散议会等重要权力；议会拥有唯一立法权，众议院占主导地位。

二　政治制度

1　政体概述

摩洛哥实行二元制君主立宪制，国王拥有最高权力。穆罕默德六世国王即位后，坚持二元制君主立宪制、多党制和议会两院制，"国王控制下的多党君主立宪制"成为摩洛哥君主政体的显著特征。相对于海湾阿拉伯君主制国家，摩洛哥的民主化程度较高。

（1）政府（行政机构）

摩洛哥政府由首相和大臣组成，由首相掌管，实施法律赋予的行政权。政府对国王和议会负责，首相由国王任命。首相可提议政府内阁成员，但最后由国王任命。首相完成组阁后，在议会两院做政府施政报告，阐明政府拟在国务活动的各个领域，即经济、社会、文化和外交等领域采取的政策，议会两院对施政报告进行讨论。首相行使行政权，其签署的法令由负责执行这些法令的大臣副署。首相有权提出法律议案，任何有关法律的议案，经内阁审议后，由首相向议会提交。但是，有一些问题在决定前应先递交内阁会议讨论：①涉及国家总政策的事项；②宣布戒严；③宣布战争；④请求议会进行信任投票，以使政府进一步履行其职责；⑤尚未向议会（两院）提交的草案；⑥政令；⑦计划草案；⑧修改宪法的草案。此外，首相负责协调内阁各部的活动。

(2)议会(立法机构)

议会是国家的最高立法机构,宪法规定国王是国家的最高领导,议会在国王的指导之下工作。摩洛哥议会由两院——众议院和参议院组成,众议院议员通过直接普选产生,任期5年;参议院议员由选举团间接选举产生,原则上任期9年,每3年改选1/3。

议会最高领导机构为常设局,主持两院议事活动,组建和领导本议会各类工作机构。常设局人员由议长、副议长、财政行政官和秘书组成,其成员按议会党团代表比例选举产生,反映了不同议会党团之间的力量对比关系。

议会设专门常设委员会。常设委员会成员根据议会党团代表比例选举产生。除常设委员会外,可根据国王提议,或两院中任何一院大多数议员的要求,在两院设立临时性调查委员会,按照议院的委托开展工作,或对某些特定事项进行审查,然后向议院汇报,但不能调查可引起司法诉讼,或正在司法诉讼程序中的事件。

2 政治中心

摩洛哥首都为拉巴特,位于摩洛哥西北的布雷格雷格河口,濒临大西洋,与非斯、马拉喀什、梅克内斯一起被称为摩洛哥"四大皇城",自1912年以来,一直是摩洛哥的政治首都。

拉巴特由两个紧连的"姐妹城"组成,即拉巴特新城和萨勒旧城。新城拥有西式楼房和阿拉伯民族风格的精巧住宅,街道两旁绿树成荫,街心花园比比皆是,王宫、政府机关、高等学府大都坐落在这里。旧城萨勒围以红色城墙，城内多古老的阿拉伯建筑和清真寺，市面繁荣，后街小巷有很多手工艺品作坊，居民的生活和生产方式依然保留着浓厚的中世纪风貌。旧城多古迹，拉巴特王宫、穆罕默德五世墓、乌达亚城堡和舍拉废墟等都是可供游览的名胜。

3 主要政党

摩洛哥实行多党制，现有35个政党，各党均宣布拥护国王和伊斯兰教，在大政方针上与国王保持一致。2013年10月内阁重组后，共有18个政党在众议院中拥有席位，形成联合组阁的多数派（公正与发展党、独立党、人民运动党、进步与社会主义党）和在野的反对派（全国自由人士联盟、真实性与现代党、人民力量社会主义联盟、宪政联盟等）。

（1）公正与发展党。前身是1967年成立的"人民民主宪政运动"，1998年更用现名，是温和的伊斯兰政党，拥护君主制，反对暴力和恐怖主义，主张以渐进方式对社会进行变革，实行"轻度"伊斯兰主义。系众议院第一大党，在众议院395个议席中占107席。现任总书记为阿卜杜勒伊拉·班基兰。

（2）独立党。1943年成立，是摩洛哥最早的民族主义政党，党内领导层多为大企业家、大农场主，在工商界、政界及人民群众中均有较大影响，长期执政或参政。系众议院第二大党，在众议院395个议席中占60席。现任总书记为哈密德·沙巴特。

（3）人民运动党。1957年成立，传统保皇党，无保留地支持国王的各项政策。在众议院 395 个议席中占 32 席。现任总书记为穆罕尼德·安索尔。

（4）进步与社会主义党。1943 年成立，是阿拉伯国家中人数较多，且具有一定政治影响力的共产党。在众议院 395 个议席中占 18 席。现任总书记为穆罕默德·纳比尔·本阿卜达拉。

（5）全国自由人士联盟。1978 年成立，属保皇派政党，长期参政，在 2011 年 11 月众议院选举后宣布成为反对党。系众议院第三大党、第一大反对党，在众议院 395 个议席中占 52 席。现任总书记为萨拉赫丁·迈祖阿尔。

（6）真实性与现代党。2008 年成立，由 5 个小党派合并而成。系众议院第四大党，在众议院 395 个议席中占 47 席。现任总书记为穆斯塔法·巴库利。

（7）人民力量社会主义联盟。简称社盟，1975 年成立，代表中小资产阶级及知识分子的利益，在知识分子、青年学生和工人中颇有影响。在众议院 395 个议席中占 39 席。现任总书记为德里斯·拉什加尔。

（8）宪政联盟。1983 年成立，代表新兴资产阶级力量，主要由资本家、高级官员及知识分子和律师等自由职业者组成。在众议院 395 个议席中占 23 席。现任总书记为穆罕默德·阿比迪。

4　主要政治人物

国王穆罕默德六世。1963 年 8 月 21 日生，是已故国王哈桑二世的长子；1985 年毕业于拉巴特穆罕默德五世大学法学院,获法学学士学位,1993年获法学博士学位;1979年被立为王储;1985年被国王任命为皇家武装部队总参谋部协调员;1994年晋升少将军衔;1999年7月30日登基。爱好阅读、游泳和赛艇运动,精通阿拉伯语和法语,懂英语和西班牙语。

首相班基兰。1954年生于拉巴特,1979年获物理学学士学位,后在拉巴特高等师范学院任教,现为摩洛哥教育高级理事会成员。班基兰拥有两所私立学校和多家小型公司,年轻时即投身政治活动,曾是摩洛哥"社会主义青年"左派组织成员,1976年因坚持伊斯兰信仰而退出,加入激进伊斯兰组织"伊斯兰青年运动",并曾因此入狱两年;1978年出狱后转而主张温和伊斯兰主义,于1980年加入伊斯兰组织"改革与复兴运动",曾任该组织主席及所属报社社长,后随该组织并入"人民民主宪政运动"。1998年,"人民民主宪政运动"更名为公正与发展党,班基兰曾任该党全国委员会主席,并于2008年7月当选总书记。自1992年起,班基兰连续5次当选众议员,于2011年11月29日起任政府首脑。

5　政治局势

摩洛哥政局稳定,政治开明,民主化改革逐步推进,穆罕默德六世国王即位后,在推进政治民主方面采取积极的举措,取得了一定成效。虽受西亚和北非地区局势动荡影响,摩洛哥国内也发生过数次示威游行,但穆罕默德六世国王迅速回应民众的变革诉求,宣布进行全面宪法改革,新政府成立后实现平稳过渡，政局总体保持稳定。

摩洛哥社会治安情况总体良好，但偷盗、抢劫案件时有发生。伊斯兰极端组织是影响摩洛哥社会安定的主要因素。

特别提示

★ 目前摩洛哥政局总体稳定。

★ 摩洛哥虽有宪法、政党、议会，但国王大权独揽，只是名义上的君主立宪制。2011年6月17日，穆罕默德六世发表30分钟的电视讲话，宣布了修宪和改革的内容，包括放弃国王的部分权力、增强议会的作用等。新的改革朝着真正意义上的君主立宪制迈出了实质性的步伐。

★ 在摩洛哥，王室的统治十分古老，对于摩洛哥人而言，它就像神一样。即便是首相班基兰，心里也有着一个国王。

★ 近年来，摩洛哥少有恐怖袭击事件发生，也未发生针对中国公民的恐怖袭击或绑架事件。摩洛哥总体安全状况良好，但卡萨布兰卡等大城市的治安状况存在问题，抢劫时有发生。在当地，居民私自持有枪支属违法行为。

三 行政结构

1 行政区划

摩洛哥全国共设 16 个大区、49 个省和 13 个省级市、1547 个市镇。16 大区分别为：沙维雅 – 瓦拉迪格大区、杜卡拉 – 阿卜达大区、非斯 – 布勒曼大区；西部地区 – 舍拉拉德 – 贝尼赫森大区、大卡萨布兰卡大区、盖勒敏 – 塞马拉大区、阿尤恩 – 布支杜尔 – 萨基亚 – 阿姆拉大区、马拉喀什 – 坦西夫特 – 豪兹大区、梅克内斯 – 塔菲拉勒特大区；东部大区、达赫拉 – 黄金谷地大区、拉巴特 – 萨累 – 宰穆尔 – 扎埃尔大区、苏斯 – 马塞 – 德拉大区、塔德莱 – 艾济拉勒大区、丹吉尔 – 得土安大区、塔扎 – 胡塞马 – 陶纳特大区。

2 主要行政机关

摩洛哥的政府包括政府首脑、政府秘书处以及 25 个部门。主要行政部门有外交与合作部，司法部，宗教基金与伊斯兰事务部，政府秘书处，经济与财政部，住房与城市政策部，农业与水产渔业部，国民教育与职业培训部，高等教育、科学研究与干部培训部，青年与体育部，装备、运输与物流部，卫生部，能源、矿业、水利与环境部，就业与社会事务部，工业、贸易与新技术部，旅游部，互助、妇女、家庭和社会发展部，文化部、外贸部、手工业和社会经济与互助部、与议会及公民社会关系部等。

摩洛哥国王穆罕默德六世2013年10月10日宣布组成新政府，新政府成员于当天宣誓就职。新政府首相仍由公正与发展党总书记班基兰出任，内阁成员则由上届的31人增至39人，同属公正与发展党的国务大臣阿卜杜拉·巴哈得以留任，内政大臣、外交大臣、经济与财政大臣、国民教育大臣、卫生大臣、能源大臣、文化大臣等易人，此外新设了多个大臣级代表职位。

3　主要司法机构

1956年独立后，摩洛哥政府逐步进行司法改革，使之"摩洛哥化"。1965年，统一司法机构，规定一律执行本国法律，法官全部由摩洛哥人担任，辩护和审理均用阿拉伯语。1996年修改的摩洛哥宪法第82条规定：司法机构独立于立法和执法机关。全国司法机构分为四级：全国最高法院、主要经济区上诉法院、各省初级法院和由初级法院派驻地方的法官处。全国设有最高司法委员会。法院院长和法官由国王根据最高司法委员会建议颁布法令任命，法官不能被罢免。

最高司法委员会是全国最高司法权力机构，由国王领导，其成员包括：担任该委员会副主席的司法大臣、最高法院第一院长、最高法院总公诉人、最高法院第一法庭庭长、从上诉法院法官中选举出的2名代表和从一级法庭法官中选举出的4名代表。最高司法委员会确保有关法官提升和惩处的条例得以实施。

最高法院是摩洛哥的最高司法机构，下辖6个法庭，分管民事、人权与遗产、商业、行政、社会案件的审理和判决。最高法院设办公厅、书记室和检查总署秘书处。第一院长主持最高法院的司法和行政工作，由国王任命。国王还派驻最高法院第一检察长。

特别提示

- ★ 卡萨布兰卡是摩洛哥的第一大城市，也是最大的港口城市，被誉为摩洛哥的经济首都，若做商务考察，可先到这个城市。
- ★ 丹吉尔是摩洛哥北部重要城市，位于非洲大陆的西北端，大西洋和地中海在此交汇，为非洲陆路通往欧洲的必经门户，战略地位十分重要。
- ★ 与外国投资合作相关的主要经济部门包括：外交与合作部，经济与财政部，装备、运输与物流部，住房与城市政策部，能源、矿业、水利与环境部，就业与社会事务部，工业、贸易与新技术部，外贸部等。

四 外交关系

1 外交原则

奉行不结盟、灵活、务实、多元的外交政策,注重对外关系的均衡发展。摩洛哥维护民族独立和国家主权,保持和加强与欧美等西方国家和地区的传统关系。截至21世纪初,摩洛哥与近150个国家建立了外交关系。2012年1月就任联合国安理会非常任理事国。

穆罕默德六世国王在尊重伊斯兰传统的基础上,继承先父遗愿,对外实行更加积极的、全方位和多样化的外交政策,为摩洛哥赢得了国际社会的大力支持,尤其是为解决西撒哈拉问题和促进国内经济建设创造了有利的国际环境。在双边外交领域,摩洛哥的外交重点是与海湾产油国发展关系,保持和推进与美国、法国等西方国家的密切关系,注重与欧盟发展关系;重视同阿拉伯、非洲及亚洲各国和地区的友好关系及经济合作与发展,特别是将目光转向经济持续快速增长的中国;主张和平与合作,通过和平协商方式解决与其他国家发生的分歧和争端;"9·11事件"后,摩洛哥的国际地位有所提升,美国开始加强与摩洛哥在反恐方面的合作。在多边外交领域,摩洛哥继续尊重和遵守联合国宪章所规定的原则、权利和义务,积极参与国际事务,在推动联合国重视发展中国家问题、反种族歧视和维护和平等方面发挥了积极作用,在中东和平进程和伊斯兰世界事务中也发挥着积极的作用。摩洛哥实施的全方位外交政策使其在国际和地区事务中发挥着越来越重要的作用。

2　大国关系

（1）同美国的关系

摩洛哥与美国关系密切，两国间高层互访频繁。美国已取代法国成为摩洛哥最大的小麦供应国。美国在摩洛哥建有战略油库，为美国第六舰队提供补给。美国还在丹吉尔修建了美国本土之外最大的"美国之音"转播站。2004年美国总统布什宣布给予摩洛哥非北约成员主要盟国地位。同年，摩美签署自由贸易协定。2008年5月，美国非洲司令部司令威廉·沃德访摩。2008年9月，美国国务卿赖斯访摩并会见摩洛哥首相法西，并同摩洛哥外交与合作大臣费赫里举行会谈，赖斯此访主要是为了加强与马格里布国家的反恐合作。2010年10月，美国近东事务助理国务卿费尔特曼访摩。2011年2月，美国参议员麦卡恩访摩；3月，摩洛哥外交与合作大臣费赫里访美。2012年2月，美国国务卿希拉里·克林顿访摩；3月，摩洛哥外交与合作大臣欧斯曼尼访美；9月，摩美在华盛顿举行首届战略对话。2013年6月，美国副国务卿舍曼访摩。2014年4月，摩洛哥外交与合作大臣迈祖阿尔和美国国务卿克里4日在拉巴特共同主持了两国第二轮战略对话，双方表示将就战略问题加强磋商，开辟新的合作渠道，探索多样化合作机制。

（2）同法国的关系

摩、法有传统关系，两国元首和政府首脑多次互访。目前，法国是摩洛哥第二大贸易伙伴，仅次于西班牙。但法国是摩洛哥第一大投资国和最大债权国。两国军事关系密切，摩军装备大部分由法国提供。2007年10月，法国总统萨科奇访摩，双方签署总额达30亿欧元的项目合同。在法国的支持下，摩洛哥于2008年获得欧盟给予的优先地位（介于欧盟成员国和联系国之间）。2008年4月，法国总理菲永访摩。2009年4月，摩洛哥首相法西访法。2012年5月，穆罕默德六世国王对法进行私人访问。2013年4月，法国总统奥朗德访摩，5～6月，穆罕默德六世国王私人访法。

（3）同西班牙的关系

摩、西有特殊传统关系。两国领导人互访不断。目前，西班牙是摩洛哥第一大贸易伙伴和主要援助国，在摩洛哥有大量投资。2009年，摩洛哥在西班牙有71万侨民。摩、西有领土纠纷，摩洛哥要求收回现为西班牙控制的休达、梅利利亚及地中海沿岸的一些小岛，西班牙则认为这些领土主权属西班牙。两国曾因摩洛哥北部地中海沿岸雷拉岛主权归属问题发生争端。2007年11月，因西班牙国王访问休达、梅利利亚两市，摩洛哥短期召回驻西大使。2007年，西班牙首相萨帕特罗、王储菲利佩相继访摩。2008年12月，两国首相共同主持摩、西高级别会议。2010年2月，西班牙外长莫拉蒂诺斯访摩；8月，西班牙内政大臣鲁巴尔卡巴访摩；11月，摩洛哥外交与合作大臣费赫里访西；同月，摩洛哥内政大臣谢卡维访西。2012年1月，西班牙首相拉霍伊访摩；5月，摩洛哥首相班基兰访西。2013年7月，西班牙国王胡安·卡洛斯访摩。

（4）同阿尔及利亚的关系

摩洛哥与邻国阿尔及利亚历史上存在领土纠纷，曾因边界问题发生武装冲突。1976年因阿尔及利亚支持"西撒人阵"，承认"西撒国"，摩、阿断交。1988年5月两国复交。穆罕默德六世国王执政以来摩、阿关系有所改善。2005年3月，摩洛哥国王与阿尔及利亚总统恢复中断14年之久的元首会晤。2007年12月，摩洛哥国王与阿尔及利亚总统布特弗利卡通电话，对阿尔及利亚首都发生恐怖袭击表示慰问。2009年4月，穆罕默德六世国王致电祝贺布特弗利卡总统连任。2012年1月，摩洛哥外交与合作大臣欧斯曼尼访阿。2014年7月，西班牙新任国王费利佩六世对摩洛哥进行国事访问。

（5）同其他阿拉伯国家的关系

摩洛哥同大部分阿拉伯国家保持良好关系。摩洛哥同海湾产油国关系尤为密切，海湾国家是摩洛哥外部支援和能源的重要来源。2007年5月，沙特国王阿卜杜拉访摩。2009年3月，约旦国王阿卜杜拉二世访摩；4月，摩洛哥首相法西和突尼斯总理格努希共同主持第十五届双边高级混委会；7月，摩洛哥众议长曼苏里访问突尼斯、巴林国王哈马德访摩；8月，摩洛哥首相法西赴毛里塔尼亚出席当选总统阿齐兹的就职典礼。2010年2月，叙利亚副总统沙雷访摩；5月，摩洛哥外交与合作大臣费赫里访问沙特、阿联酋；同月，摩洛哥首相法西和突尼斯总理格努希共同主持第十六届双边高级混委会；6月，沙特国王阿卜杜拉对摩洛哥进行私人访问；7月，巴林国王哈马德对摩洛哥进行私人访问；10月，科威特埃米尔萨巴赫访摩；12月，摩洛哥参议长比耶迪拉访问沙特。2011年3月，突尼斯民族团结政府总理艾塞卜西访摩；5月，海湾合作委员会邀请摩洛哥加入该组织，12月同摩洛哥建立"优先伙伴关系"。2012年5月，摩洛哥首相班基兰访问突尼斯；6月，突尼斯总理贾巴利访摩，并与班基兰共同主持第十七届双边高级混委会；10月，穆罕默德六世国王对沙特、卡塔尔、阿联酋、科威特及约旦进行正式访问。

3　主要国际参与

1996年，摩洛哥与欧盟签署了"联系国协议"。2011年，海湾合作委员会与摩洛哥建立"优先伙伴关系"。摩洛哥主张非洲国家团结，但1984年因非洲统一组织（简称非统，非洲联盟前身）接纳"西撒国"而宣布退出该组织。摩洛哥注重加强阿拉伯世界的团结，尤其重视与海湾国家发展关系，努力在国际事务特别是中东和平进程和伊斯兰世界中发挥作用。

此外，摩洛哥还是不结盟运动、伊斯兰会议组织、阿拉伯世界、地中海联盟、阿拉伯马格里布联盟的成员。

（1）与欧盟的关系

20世纪90年代，摩洛哥希望借助欧盟的经济实力和高新技术，发展本国经济，通过与欧盟建立特殊关系和在巴塞罗那会议上推动欧洲与地中海的合作，提高摩洛哥在该地区的国际地位。

欧盟则不满美国于冷战结束后在中东事务中独揽主导权，希望通过与地中海国家建立新型伙伴关系，召开巴塞罗那会议，与美国分庭抗礼，以此来扩大欧盟在这一地区的影响。摩洛哥与欧盟的这种共同政治意愿，促使双方分歧弥合，双方在许多方面（除渔业外）的合作进展顺利。1995年，欧盟15个国家开始同地中海南岸的12个国家实施欧盟-地中海伙伴关系战略，1996年，摩洛哥率先与欧盟签订了"联系国协定"。1996年2月26日，摩洛哥与欧盟签署了自由贸易协议。1996年，双方签署新的"渔业协定"，摩洛哥与欧盟的合作出现新的实质性进展。同年12月，欧盟向摩洛哥提供约1.56亿美元的赠款，以支持摩洛哥调整经济结构。此后，摩洛哥得到了欧盟提供的无偿财政援助和欧洲投资银行提供的贷款，用以发展社会经济项目。摩洛哥成为最早享受欧盟同地中海国家合作计划援助款项的国家之一。

穆罕默德六世继位后，继续发展与欧盟的关系，加强政治对话和经济合作，双方的关系得到巩固与发展。虽然摩洛哥与欧盟在渔业合作方面仍存在分歧，未能达成新的渔业协定，但是双方在政治、西撒哈拉问题和经济等方面的合作不断加强。欧盟在谋求东扩的同时，也在试图巩固和加强与地中海国家的战略伙伴关系。2001年和2002年，欧盟委员会主席普罗迪和欧盟负责外交与安全政策的高级代表索拉纳相继访问摩洛哥。此后，摩洛哥同欧盟签署了3项协定，根据这些协定，欧盟将向摩洛哥提供援助，用于支持摩洛哥金融、卫生和社会住房等领域的发展。2008年，摩洛哥获得欧盟给予的优先地位（介于成员国与联系国之间），2010年摩洛哥与欧盟建立自由贸易区。

(2) 与阿拉伯马格里布联盟的关系

马格里布国家指的是北非地区的摩洛哥、阿尔及利亚、突尼斯、毛里塔尼亚和利比亚5个阿拉伯国家。摩洛哥与其他4个马格里布国家同属阿拉伯世界,在历史上有着良好的关系,各国人民为反对殖民主义进行了共同的斗争。1989年2月17日,5国签署了阿拉伯马格里布联盟条约,宣布成立阿拉伯马格里布联盟(常设秘书处在摩洛哥的拉巴特),决定在尊重各成员国政治、经济和社会制度的前提下,协调经济、社会发展以及外交和国防等领域的立场、观点和政策,进行合作;大力开展经济互补合作,优先实现经济一体化,1995年实现关税同盟,2000年建立经济共同体。穆罕默德六世继位后重视稳定和发展与马格里布国家的战略性关系,在立足解决历史问题的同时,重视发展经济关系。

特别提示

★ 摩洛哥和欧盟的政治关系密切,政治关系的发展带来了经济援助。摩洛哥与欧盟签署了一系列协议,欧盟在摩洛哥的发展项目涉及基础教育、卫生、体育和农村发展等领域。

★ 2015年4月28日,欧洲重建与发展银行在摩洛哥开设办公室。摩洛哥是该银行的创始成员国,截至目前,该银行已在摩洛哥18个项目上投资4.73亿欧元。

★ 西撒哈拉争端是历史遗留下来的复杂问题,直至今日仍未解决。这一边界争端,不仅影响到相邻的摩洛哥、阿尔及利亚和毛里塔尼亚三国，而且影响到地区的安全和稳定。

扩展阅读

西撒哈拉（简称西撒）位于非洲西北部，与摩洛哥、毛里塔尼亚和阿尔及利亚接壤，历史上曾是西班牙殖民地。1975年，西班牙宣布撤离西撒哈拉，并同摩洛哥和毛里塔尼亚分别签署分治协议，阿尔及利亚支持的西撒哈拉人民解放阵线（简称西撒人阵）随后也对西撒哈拉提出领土要求，三方为此曾多次发生武装冲突。1979年，毛里塔尼亚宣布放弃对西撒哈拉的领土主权。而摩洛哥与西撒哈拉人民解放阵线的武装冲突一直持续至1991年。目前，摩洛哥控制着西撒哈拉约3/4的地区。

西撒问题迟迟难以解决，不仅严重阻碍了摩洛哥的经济和社会发展，还对地区稳定与发展、区域一体化建设以及全球反恐构成不利影响。由于摩洛哥与阿尔及利亚关系紧张，阿拉伯马格里布联盟的建设陷入停滞；自1984年至今，摩洛哥因西撒问题始终游离于非洲联盟之外；此外，摩洛哥、阿尔及利亚、西撒哈拉、毛里塔尼亚接壤地区由于得不到有效管理已成为恐怖组织策划袭击活动的重要据点。

摩洛哥
MOROCCO

第三篇
经济状况

摩洛哥
MOROCCO

一　能源资源

1　主要能源

摩洛哥能源短缺，约 95% 的能源依靠进口，而国内能源需求量在过去 10 年中也以每年 7% 的速度增长，目前石油占其能源消耗总量的比例约为 62%。

为摆脱对石油进口的依赖，摩洛哥政府制定了可再生能源发展战略，特别是利用当地丰富的太阳能和风能资源，通过国家基金、吸引外资和鼓励私人投资等多种方式建设太阳能和风能发电站。

太阳能方面，摩洛哥全国辐射量近 $9300MJ/m^2$，太阳能资源非常丰富。摩洛哥政府计划到 2020 年修建 5 座太阳能电厂。这 5 座电厂投入使用后，总装机容量将达到 200 万千瓦，预计将满足摩洛哥 20% 的能源需求。

风能方面，摩洛哥拥有 2600 公里的海岸线，常年西风，平均风速 8~12 米/秒，最高可达 20 米/秒，风力资源丰富。据预测，摩洛哥每年的风力发电潜力为 25000 兆瓦左右，目前已经运行的风电装机总量共计 280 兆瓦，分布在 5 个风电厂。

2　主要资源

摩洛哥已发现和查明的主要矿产有磷酸盐、重晶石、铅、锰、银、萤石，还有煤、铁、铜、锌、锑、盐类、镍、石棉、石膏、膨润土、云母等。

磷酸盐是摩洛哥主要的矿产资源，已探明储量达1100亿吨，占世界总储量的75%。摩洛哥是世界上仅次于美国和俄罗斯的第三大磷酸盐生产国。其磷酸盐矿主要分布在中梅塞塔的磷酸盐高原区、甘图尔盆地、麦斯卡拉区。国有的摩洛哥磷酸盐公司（OCP）是摩洛哥最大的磷酸盐工业企业，该公司垄断了摩洛哥磷酸盐矿的开采、加工和出口业务，是世界上最大的磷酸盐出口商。

摩洛哥沿地中海和大西洋水域的渔业资源相当丰富，形成优良的渔场，主要产沙丁鱼、金枪鱼、鲭鱼、鱿鱼和海虾等，其中沙丁鱼年产量达100万吨，出口量居世界首位。

二 基础设施

摩洛哥基础设施条件优良。2007年,丹吉尔地中海新港正式建成并投入使用,吞吐量超过300万集装箱;摩洛哥的15个国际机场连接各主要城市及世界经济平台;高速公路网络四通八达,连通各主要城市;电信业也是摩洛哥发展既快又好的行业之一,行业产值约占GDP的13%;2015年,摩洛哥将建成非洲第一条高速铁路。

1 重要交通设施

(1) 陆路运输

摩洛哥公路网在非洲国家中名列前茅,2013年总里程约68552公里,其中一级公路15907公里,二级公路9367公里,三级公路39178公里。2013年,摩洛哥高速公路通车里程达1446公里,计划2015年增至1800公里。

摩洛哥公路连接毛里塔尼亚和阿尔及利亚两个国家。

(2) 铁路运输

目前,全国投入运营的铁路线总长2110公里,其中电气化线路长1284公里,占61%;总里程中,复线600公里,占比为28%。2013年客运量达3820万人次,同比增加5.9%,货运量880万吨,同比减少3.7%。正在施工的丹吉尔—肯尼特拉高铁,全长200公里,设计时速350公里,运营时速320

公里，计划2017年投入商业运营。

拉巴特拥有两条城铁线路，卡萨布兰卡拥有一条城铁线路。

摩洛哥铁路已修至东部边境，具备与阿尔及利亚铁路互通的条件。

（3）水路运输

摩洛哥目前拥有13个国际贸易港口。2013年，全国海运港口货物进出口吞吐量达10070万吨，海运乘客412万人次。摩洛哥有近、远洋公司，航程共计3411公里，其中地中海593公里、大西洋2818公里；有876个靠泊许可、39个派驻机构。目前，主要港口有卡萨布兰卡、穆罕默迪亚、萨菲、阿尤恩、丹吉尔、纳多尔等。卡萨布兰卡港是摩洛哥海运吞吐量

凌晨的卡萨布兰卡港
图片提供：达志影像

最大的港口，2013年的吞吐量达到2267万吨。

（4）航空运输

摩洛哥拥有15个国际机场、4个国内机场和一些供轻型飞机起降的小型机场，主要有穆罕默德五世机场（位于卡萨布兰卡）、梅纳拉机场（位于马拉喀什，该市计划新建一座国际机场）、阿尔·马西拉机场（位于阿加迪尔）、伊本·白图泰机场（位于丹吉尔），以及非斯—萨伊斯机场、拉巴特—萨累机场、安加达斯机场（位于乌季达）等，均由摩洛哥国家机场管理局管理。

2013年，摩洛哥航空客运量为6496161人次，同比增加9.21%；货运量52883289吨，同比增加2.14%。其中，摩洛哥航空公司及其联合体占客运总量的73.31%，外航占26.69%。穆罕默德五世机场是全国最大的航空港，2013年其运量约占全国航空客运量的45.8%、货运量的90.9%。摩洛哥皇家航空公司为全国最大的航空公司。与摩洛哥通航的有：欧洲（177个城市）、非洲（24个城市）、马格里布地区（7个城市）、中东（7个城市）、美洲（3个城市），共计40多个国家和地区。

特别提示

★ 中国到摩洛哥的主要航线为：北京—巴黎—卡萨布兰卡或拉巴特；北京—迪拜—卡萨布兰卡；北京—伊斯坦布尔—卡萨布兰卡；北京—开罗—卡萨布兰卡；北京—多哈—卡萨布兰卡。

（5）电力设施

摩洛哥电力包括热电、水电和风电，自1963年以来由摩洛哥国家水力电力局统一经营。一些大企业为满足自身用电需要，也配备了自主发电设备。国家水力电力局以外的企业自主发电量合计占全国发电总量的10%强。国家水力电力局的发电量一部分输送给12个电力专卖局，由专卖局售给普通用户；另一部分则直接售给定向客户。

截至2013年，摩洛哥国家水力电力局装机容量为7200MW。其中，热电厂装机容量为4750MW，占66%；水电站装机容量为1306MW，占18%；风电站装机容量为944MW，占13%。

2013年，摩洛哥电力消费量为277.29亿度。发电方面，火力发电量为212.44亿度，水力发电量为21.38亿度，风力发电量为6.92亿度。电力进出口方面，进口51.3亿度，出口5.2亿度。此外，自主发电0.7亿度。目前，摩洛哥农村电网覆盖率已达98.51%。

摩洛哥电网与西班牙、阿尔及利亚电网连接，可进行电力进出口。

2 重要通信设施

摩洛哥拥有良好的有线和无线通信系统，有5条国际海底电缆和3个卫星地面站与国际卫星组织和阿拉伯卫星组织相连，通信枢纽为卡萨布兰卡和拉巴特。摩洛哥电信市场最大的运营商为摩洛哥电信，其次为地中海电信及INWI电信。

为了适应人口增长和新技术发展需求，摩洛哥邮政事业近年来陆续推出多项新服务，如国际邮政特别快递 EMS 等，并通过机制化的营业窗口管理，改善对网点的管理。

截至 2013 年底，摩洛哥固定电话用户为 2924867 户，同比增长 10.8%，每百人占有率为 8.9%；移动电话用户为 42423794 人，同比增长 8.73%，每百人占有率为 130%；固话月营业额为 41948226 美元，移动电话月营业额为 427952358 美元。互联网登记用户为 5776173 户，同比增长 45.97%。

3 基础设施发展规划

（1）电力发展规划

未来 4 年，计划在电力领域投资 84.7 亿美元，发电装机总量从 2009 年的 6000MW 增长至 2020 年的 18000MW。其中，太阳能、风能和水能各占 14%。摩洛哥能源、矿业、水利与环境部负责具体落实。

（2）公路和铁路发展规划

2015 年建成连接各大主要城市的高速公路，使高速公路总里程从目前的 1446 公里增长至 1800 公里。铁路方面，2015 年，政府投资建设丹吉尔到肯尼特拉的高速铁路。

（3）电信发展规划

根据规划，到 2015 年，1/3 的家庭接入互联网，所有学校装备通信设施，政府实现 89 个部门对外电子公共服务。

（4）集装箱码头发展规划

到 2015 年，全国集装箱存放面积达到 250 公顷，到 2030 年集装箱存放面积达到 405 公顷。该规划由摩洛哥装备、运输与物流部负责实施。

马拉喀什街景
图片提供：达志影像

三 国民经济

摩洛哥在接连受到全球金融危机、"阿拉伯之春"运动以及欧洲贸易伙伴经济疲软的影响之后,经济终于结束了长达7年的挣扎,重回正轨。

1 宏观经济

(1) 概述

摩洛哥是一个以农业经济为主、属中等收入水平的发展中国家,是非洲第五、北非第三大经济体。2003年以来,摩洛哥经济保持稳定增长。2014年摩洛哥GDP达1134亿美元,增长率为2.4%,预计未来几年将保持3%～5%的经济增长速度。2014年摩洛哥的人均收入为3629美元。

2014年摩洛哥三大产业在GDP中的占比分别为:农业12.9%,工业27.6%,服务业59.5%。相比2013来看,农业与工业占比略有下降,服务业占比有所提高。

特别提示

★ 目前,摩洛哥经济依然脆弱,很大程度上依赖于在欧劳工的汇款。国债占其GDP的64%,而通胀率依旧低迷,最近10年平均水平不足2%。同时,据经济学家估计，摩洛哥在对西撒哈拉的控制上花费了该国每年约 10% 的 GDP。

★ 世界银行认为 2015～2017 年摩洛哥的经济增长率在中东和北非地区将位居前列。2015～2017 年，预计摩洛哥经济增长率为 4.6%、4% 和 4.5%。世界银行认为，摩洛哥的非农业部门仍将支撑其经济增长，如私营消费和工业品（包括汽车和电器业）的出口等。

（2）外债

2014 年，摩洛哥公共外债总额同比增长 18%，达 2777 亿迪拉姆。2014 年底，摩洛哥公共外债总额占国内生产总值的 30.3%，2010~2013 年这一比例分别是 22.7%、23.6%、25.7%、26.9%，一直处于增长趋势。

摩洛哥公共外债占国内生产总值的比例尚未超过 65% 的红线，但是有两个方面需要引起注意：一是出口产品依然缺乏竞争力，外汇储备不足；二是公共外债的 45.3% 为多边国际组织持有，如国际货币基金组织、世界银行或其他地区发展银行。这些多边机构的借债条件较为苛刻。

（3）财政收支

2014 年政府财政总收入 288.3 亿美元，财政支出 340.3 亿美元，赤字达 52 亿美元。

特别提示

★ 2014年9月2日，国际评级机构穆迪将摩洛哥主权债务前景评级由负面调整为稳定，并维持Ba1的评级。摩洛哥政府设定2014年的补贴支出为350亿迪拉姆（约合42.9亿美元），占当年国内生产总值的3.8%，这与2012年的6.2%和2013年的4.8%相比，大幅降低。2014年上半年，摩洛哥政府补贴支出同比下降47%。穆迪认为，摩洛哥对能源补贴的减少将降低赤字水平。另外，穆迪认为，摩洛哥采取鼓励出口的政策将吸引外国直接投资，并增加摩洛哥外汇储备和偿付能力。

2 贸易状况

（1）贸易发展

2014年摩洛哥货物进出口贸易呈增长态势。据摩洛哥统计局统计，2014年摩洛哥货物进出口总额为692.1亿美元，比上年同期（下同）增长4.1%。其中，出口236.0亿美元，增长8.5%；进口456.1亿美元，增长1.9%。贸易逆差220.1亿美元，下降4.2%。据摩洛哥外汇管理局统计，2015年1~5月，摩洛哥货物进出口总额达到300.8亿美元，下降4.6%。其中，进口189.1亿美元，下降9.6%；出口111.69亿美元，增长5.8%。贸易逆差77.41亿美元，下降25.3%。侨汇收入29.56亿美元，增长5.5%。

（2）贸易伙伴

从国别/地区看，2014年，在对主要贸易伙伴出口方面，除对巴西和美国出现下降（降幅分别为15.6%和7.4%）外，摩洛哥对其他主要贸易伙伴的出口均保持增长，其中对西班牙和意大利出口的增幅较大，分别为26.4%和23.5%；对法国和印度的出口增幅分别为4.3和5.2%。同期，摩洛哥对西班牙、法国、巴西、意大利、美国和印度的出口额分别占摩洛哥出口总额的22.0%、20.6%、4.6%、4.3%、3.6%、3.6%，对上述六国出口额合计占摩洛哥出口总额的58.7%。

2014年，摩洛哥自主要贸易伙伴的进口发展平稳。其中，除自美国和沙特的进口出现下降（降幅分别为4.8%和10.6%）外，自其他主要贸易伙伴的进口均保持增长。同期，自西班牙、法国、中国、美国、沙特和德国的进口额占摩洛哥进口总额的比重依次为13.4%、13.3%、7.6%、7.0%、5.4%和5.2%，自上述六国进口额合计占摩洛哥进口总额的51.9%。

2014年，摩洛哥前五大逆差来源国为中国、沙特、美国、俄罗斯、德国，逆差额依次为32.2亿美元、23.6亿美元、23.5亿美元、17.4亿美元和17.0亿美元。顺差主要来自巴西、印度、巴基斯坦、毛里塔尼亚和新加坡，顺差额依次为5.5亿美元、3.5亿美元、2.3亿美元、1.8亿美元、1.8亿美元[①]。

---

① 《2014年摩洛哥货物外贸进出口分析 进出口总额692.1亿美元》，http://www.askci.com/news/2015/05/06/105334elds.shtml。

(3) 贸易结构

摩洛哥主要出口商品有机电产品、运输设备、非针织服装、肥料、无机化学品、建筑材料。2014 年，摩洛哥上述六大类商品的出口额为 134.0 亿美元，占摩洛哥出口总额的 56.8%；其他主要出口商品还有针织产品、水产品、干鲜水果、新鲜蔬菜和矿产品等。

摩洛哥主要进口商品有矿物燃料、机电产品、机械设备、运输设备、粮食和塑料制品。2014 年，摩洛哥上述六大类商品的进口额依次为 109.6 亿美元、39.1 亿美元、38.0 亿美元、32.8 亿美元、21.3 亿美元和 19.3 亿美元，合计占摩洛哥进口总额的 57.0%。其他主要进口商品还有钢材、动植物油、矿砂、棉花、纸张、医疗设备、药品和木材等[①]。

(4) 辐射市场

①全球贸易协定。摩洛哥于 1987 年加入 GATT，现为 WTO 成员。

②区域贸易协定。为促进对外贸易，摩洛哥近年来与欧盟、美国、土耳其、突尼斯、埃及和约旦达成一系列自由贸易协定。由于欧盟是摩洛哥最大的贸易伙伴，且摩洛哥在地缘上对欧洲具有重要意义，摩洛哥与欧盟之间已经签订或正在进行的经贸协定非常多，包括联系国协定、巴塞罗那进程、欧洲地中海合作计划、管理手段机制、农产品协议、泛欧累积体系等。基于上述双边和区域性优惠贸易安排，原产于摩洛哥的商品可以自

---

① 《2014 年摩洛哥货物外贸进出口分析 进出口总额 692.1 亿美元》，http://www.askci.com/news/2015/05/06/105334elds.shtml。

由进入上述国家和地区的市场。

截至目前,摩洛哥的自由贸易协定和优惠贸易安排辐射55个国家和地区。

(5) 贸易主管部门

摩洛哥主管对外贸易的部门是摩洛哥外贸部,其主要职责是起草对外贸易法律法规文本,制定并调整对外贸易政策及措施,协调公共机构在外贸领域对私人企业的扶持和帮助,与外交与合作部协同组织和参与区域性、多边及双边等形式的国际经贸磋商谈判,关注进出口商品的强制性标准及其他技术性措施,以与国际通用标准接轨等。

国内贸易和国内市场秩序的维护则由工业、贸易与新技术部负责。

(6) 贸易法规体系

摩洛哥与贸易相关的主要法律有《对外贸易法》《商法》《商业仲裁法》《海关和间接税法》《对外贸易法实施法令》以及世贸协定等国际多边和双边协议。

(7) 贸易管理的相关规定

自1987年加入关贸总协定后,摩洛哥大力改革外贸体制,推行外贸自由化政策,进一步取消关税和非关税壁垒,大部分商品可自由进口。目前,出于安全或公共秩序考虑,除少数商品外,绝大多数进口商品已取消许可证制度。

①进口管理。摩洛哥对火药、旧轮胎或翻新轮胎、旧衣服、旧家具、氟利昂、使用氟利昂的冷藏设备、旧汽车底盘、装配旧轮胎或翻新轮胎的车轮等实行进口许可证制度。

②出口管理。摩洛哥对谷物粉（大米除外）、木炭、氟利昂、动植物标本、具有历史和考古价值的收藏品、逾百年以上历史的文物等实行出口许可证制度。

此外，武器弹药的进出口权仅限国防部门拥有。

（8）海关管理的相关规定

①管理制度。摩洛哥政府为促进对外贸易，特别是出口贸易，实施了一整套的海关经济制度，除降低关税、简化通关手续、对某些进口商品实行估价制度等外，特别对商品的仓储、加工、使用和流转实行保税、免税和退税制度。

②关税税率。总体而言，摩洛哥的关税水平相对较高，摩洛哥对本国不能生产又有益于企业革新的工业设备实行低关税，对可能对本国产业产生竞争的商品，如塑料制品、纺织品、皮革、鞋类等实行较高的关税税率。

特别提示

★ 为推动对外贸易，摩洛哥与欧盟、美国、土耳其和阿拉伯国家都签订了自由贸易协定，覆盖范围达到55个国家和地区。摩洛哥的产品出口到这些国家和地区可以享受零关税。但是，要享受零关税，必须得是"摩洛哥商品"。

★ 对于出口加工贸易，在摩洛哥加工贸易增值率超过40%才被视为"摩洛哥产品"，由摩洛哥工商会或海关出具原产地证明，方能规避贸易关税壁垒进入欧美市场。

★ 摩洛哥一共建立了5个自由贸易区，与其他国家的自贸区不同的是，这5个自贸区中的工业企业必须有70%以上的产品用于出口。

★ 在5个自贸区当中，规模最大、历史最长的为丹吉尔；其他4个自贸区都是新建的，其中一个在摩洛哥赫尼地区的盖尼特拉省；另外3个分别在首都拉巴特、金融中心卡萨布兰卡以及乌季达。

★ 如果能够进入自贸区，企业可以享受一定的税收优惠：前5年，免除增值税和公司税，之后的20年缴纳增值税的税率为8.75%，公司税税率相比自贸区外最多降低80%，具体比例依据出口情况和就业情况来定，出口越多，可以减免的税率就越多。

★ 目前，摩洛哥的自贸区里还没有中国企业，但日本企业较多。

3　投资状况

（1）外国投资状况

据联合国贸发会发布的2014年《世界投资报告》，2013年，摩洛哥吸收外资流量为33.6亿美元；截至2013年底，摩洛哥吸收外资存量为502.8亿美元。

从摩洛哥外国直接投资流向来看，工业、房地产、能源矿产、金融领域排在前4位。从摩洛哥外国直接投资的来源国来看，法国以其地缘、文化、历史等方面的优势，在对摩洛哥投资中一直居于第一位。目前，法国在摩洛哥有近500家企业，雇佣员工65000多人，投资占摩洛哥利用外资规模的50.6%。阿拉伯国家近年来也开始加大在摩洛哥的直接投资，阿联酋于2012年对摩洛哥投资约9亿美元，占比为25%。

目前，在摩洛哥投资的国际知名企业约50家，其中包括雅高酒店集团、欧洲宇航防务集团EADS、雀巢、辉瑞、拉法基、宝洁、圣诺非爱万提、雷诺、乐家、联合利华、维旺迪环球、达能等。2012年，达能以6亿美元收购摩洛哥中央奶业，为其国内近年来较大规模的投资。

（2）投资环境

世界经济论坛《2014～2015年全球竞争力报告》显示，摩洛哥在全球最具竞争力的144个国家和地区中，排名第72位，相比上年度评价前进5位。

①政局稳定。政治开明，民主化改革逐步推进。穆罕默德六世国王即位后，积极推进政治民主，重视民众的变革诉求，新政府成立实现了平稳过渡，摩洛哥政局总体稳定。

②地理区位优势明显。摩洛哥距欧洲仅14公里，是连接欧盟、阿拉伯世界（中东）和非洲三大市场的枢纽，与欧洲32个城市及非洲24个城市直航。

③经济开放程度较高。摩洛哥与欧盟、美国、土耳其等国家和地区签订了双边自贸协定，并与突尼斯、埃及、约旦成立了四国自贸区，现正与西非经济货币联盟及加拿大商谈自贸协

定事宜，为其扩大工业产品的出口市场奠定了很好的基础。

④经济发展前景良好。最近10年来，摩洛哥国内生产总值平均增速达5%，通货膨胀率控制在2%以下，吸引外国投资额连年上升。

⑤工业发展规划目标明确，所有行业均对投资者开放。摩洛哥政府制定了各领域的发展规划，如工业振兴计划、2013年数字摩洛哥规划、2020年旅游远景规划、绿色摩洛哥计划、摩洛哥太阳能风能发展战略等。

⑥基础设施较完善。高速公路、铁路、机场、港口等基础设施建设不断发展。

⑦摩洛哥劳动人口素质相对较高，具有人力成本竞争力。摩洛哥34岁以下人口占总人口的64%，劳动人口约有1200万人，劳动者的平均工资约为360美元/月，远低于欧美国家平均水平。

⑧摩洛哥法制环境完善，投资友好程度高。在摩洛哥的外资企业均享有国民待遇。近年来，摩洛哥政府不断改善投资环境以吸引外国投资，进行法制框架的改革与创新；建立出口免税区和工业区，制定优惠税收政策以吸引投资企业入驻；成立了一系列基金，如投资促进基金、哈桑二世基金、能源基金、旅游发展基金等，以鼓励和吸引投资。

（3）投资规划

摩洛哥政府自2008年以来，在多个领域实施了一系列发展规划，通过较大规模投资，创造就业，提升产量和附加值，这些规划已经发挥作用，使摩洛哥经济未明显受到2008年国际金融危机的影响。

这些计划主要集中在国民经济的重要领域,如农业、工业、旅游、出口等。

① **绿色摩洛哥计划**

2008 年开始实施,投资 1200 亿迪拉姆,用于改善农村电气化和灌溉系统,旨在提高农业生产率。根据该计划,到 2020 年每年为 GDP 增加 850 亿迪拉姆的收入。

② **工业新兴计划**

旨在振兴工业,国家投入 8 亿迪拉姆,对 100 家中小企业进行改造。对投资者实施金融鼓励措施,对有战略意义的工业项目给予补贴。

③ **旅游"蓝色计划"**

投资 400 亿迪拉姆,建设 6 个饭店群,希望通过该计划使接待旅客能力达到 1000 万人次 / 年。

④ **风能发展规划**

2010 年 6 月,摩洛哥政府正式宣布投资 315 亿迪拉姆,实施摩洛哥风能综合计划,内容包括风力发电、风能工业发展、研发和培训等方面。该规划旨在使摩洛哥电力消费中的 14% 来自清洁能源——风能。能源发展基金将向该规划提供近 10 亿美元的资助(其中,沙特 5 亿美元、阿联酋 3 亿美元、哈桑二世经济社会发展基金 2 亿美元)。

(4) **投资主管部门**

①摩洛哥投资局,设立于 1995 年,该局全面负责摩洛哥吸引和招揽外资工作,向投资者宣传推介摩洛哥作为投资对象

国的优势，帮助投资者定位投资领域。

②摩洛哥投资和发展局（AMDI），创建于2009年，机构负责研究和吸引投资，帮助投资者了解摩洛哥的投资环境、提高经营决策能力。

③能源投资公司，成立于2002年，致力于促进和发展中小企业，促进摩洛哥公司的现代化。

④投资区域中心，成立于2002年，在摩洛哥主要城市设有代表处，主要帮助投资者创立公司，向已有投资项目提供发展和日常运转方面的帮助，在投资区域提供促进投资的相关帮助。

⑤摩洛哥投资委员会，主要职责是批准投资资金超过2000万欧元的项目，还可以批准投资企业获得《投资法》以外的优惠，包括免除关税和哈桑二世基金提供的资金入股形式的资金援助。

（5）投资法律法规

为了鼓励国民投资和吸引外资，摩洛哥政府于1995年通过了《投资法》，制定了一系列促进投资的税收优惠政策和措施。

2006年7月，在美国国际发展署的资助下，摩洛哥颁布了《摩洛哥投资程序手册》，统一了在摩洛哥投资项目的申请表格，规范了摩洛哥政府和各地方对项目立项的审批程序。

（6）投资行业规定

摩洛哥在投资和贸易方面实行国民政策待遇，一般而言，对于任何投资，只有地区和行业政策的区别，而无内资和外资的区别。

为了吸引外国投资，摩洛哥实行投资项下外汇（包括利润）

足额自由出入的政策,同时对外国投资没有比例限制。目前摩洛哥大多数行业对外资开放,但在农业方面,外资仅能长期租用农地,尚不能直接购买和取得农地所有权。

摩洛哥政府鼓励外国投资的产业主要包括:电子产业、汽车产业、航空业、电信业、纺织业、新能源产业、旅游业、运输业等。

(7)投资方式规定

外国投资者可以在摩洛哥以如下方式进行投资:设立新公司;参股正在组建的公司;对现有公司增资认购;设立分公司或联络处;购买摩洛哥有价证券;用现金或商业债券注资公司合伙人账户;不计息的短期资本贷款;按外汇管理制度给予外汇贷款;购买不动产或动产的使用权;用自有资金为工程项目融资;创建或收购个体企业;以实物形式作股本出资。

以上投资方式可以在任何经济活动领域进行。

外国投资者,包括居住在国外的摩洛哥人应当在投资交易完成之日起6个月内向外汇管理局直接提交一份报告,或通过他们的银行、信托、公证、律师等提交。报告内容包括:

> 投资者的身份、国籍和居住地;
> 投资领域;
> 投资金额;
> 投资形式。

该报告须附有公司创立、股本分配、认购增资及证券收购所需提交的文件。

特别提示

★ 卡萨布兰卡是摩洛哥的金融和工业中心。2008年，卡萨布兰卡成为非洲第二大金融市场，吸收了摩洛哥近一半的投资。

★ 2005年，摩洛哥制订《国家工业新战略十年计划》，将服务外包、汽车、航空、电子、农产品加工、海产品加工、纺织和手工业8大产业列为优先发展和鼓励投资领域。

★ 中资企业可以投资摩洛哥政府鼓励发展的电子、汽车、纺织等产业，以及其他一些高附加值的产业，充分利用摩洛哥政府的各项投资优惠政策，规避关税壁垒，节约成本、创造效益。

★ 外商合资或独资公司必须每年更新并向外汇管理局提交一份证明文件，文件需包括其常住居民与非常住居民间的资产分配比例以及外资参与投资说明。

★ 在融资条件上，摩洛哥银行对外资企业的贷款分为短期、中期和长期三种，贷款额度可以覆盖公司资金需求的80%。对于中小企业在业务重组过程中所需资金，银行也可最高提供至七成。而对于利用租借购买方式购置生产资料和不动产，银行可提供全部资金。

★ 摩洛哥政府对外国投资者一视同仁，投资者享受国民待遇，外资可以 100% 持股，收益可以 100% 转移回国。

扩展阅读：投资优惠政策

（1）优惠政策框架

1995 年，摩洛哥政府颁布了《投资法》，制定了鼓励和促进投资的各项税收优惠政策，同时对于投资额超过 2 亿迪拉姆或创造 250 个就业岗位的投资项目，国家将提供购买土地、建设基础设施、人员培训等方面的补助优惠政策；对货物和服务出口企业提供 5 年免缴公司税、5 年后减半缴纳公司税的优惠待遇。

（2）地区鼓励政策

根据摩洛哥 2009 年 5 月 28 日颁布的法令，在下列地区实行公司税和税收优惠政策：胡赛马（Al Hoceima）、贝尔坎（Berkane）、布日杜（Boujdour）、沙温（Chefchaouen）、埃斯塞玛拉（Es-Semara）、盖勒敏（Guelmim）、杰拉达（Jerada）、拉哈什（Larache）、纳多尔（Nador）、乌吉达（Oujda）、坦坦（Tan-Tan）、塔扎（Taza）、德图安（Tétouan）等。例如，在上述优先发展省份设立的企业，开业前 5 年公司税税率优惠至 17.5%。

此外，摩洛哥政府对丹吉尔、德图安、乌吉达、肯尼特拉、非斯、梅克内斯、拉巴特、卡萨布兰卡、马拉喀什、阿加迪尔等10余个出口免税区实行比全国其他地区更为优惠的税收政策。具体优惠幅度为：新成立的公司在前5年内享受公司利润税减免50%的优惠；而在出口免税区则实施前5年免公司利润税、第二个5年减免50%公司利润税的优惠。

（3）特殊经济区域的规定

1）摩洛哥丹吉尔出口免税区

丹吉尔是摩洛哥的第3大工业中心。丹吉尔出口免税区位于丹吉尔市南5公里，紧邻丹吉尔伊本—白图泰国际机场和卡萨—拉巴特—丹吉尔高速公路，距丹吉尔港仅12公里，距在建的丹吉尔地中海新港约60公里。

出口免税区占地345公顷，由两部分组成：海关监管的工业、贸易和服务区以及配套服务区。区内土地可出租，租金为5欧元/（平方米·年）；区内设备齐全办公楼的租金为5欧元/（平方米·月）

投资者在出口免税区内享受的优惠政策有：①简化行政手续，为摩洛哥投资者和外国投资者提供"单一窗口"服务。②资金可自由进出，企业可在区内银行建立外汇账户，需要时可兑换当地货币支付管理费、水电费、雇员工资等。③税收优惠，享受优惠税收待遇。④简化海关、商检程序。⑤为鼓励投资,哈桑二世基金对纺织服装上游产品及电子类投资项目购买土地及办公用房给予一定补贴。

摩洛哥政府鼓励外国企业在出口免税区开展纺织、汽车、电子、航空等行业投资,只要不造成环境污染,也欢迎其他行业投资。

目前,出口免税区内的外资来源国主要有法国、西班牙、日本、美国、德国等,目前尚无中国企业。

2)摩洛哥努瓦塞尔工业园

努瓦塞尔工业园位于卡萨布兰卡大区努瓦塞尔乡,位于卡萨布兰卡市东郊,南邻卡萨布兰卡穆罕默德五世机场,离卡萨布兰卡市中心约20公里,离卡萨布兰卡港约30公里。该工业园位于连接卡萨布兰卡—拉巴特—丹吉尔高速公路和卡萨布兰卡—马拉喀什高速公路的国道边,有铁路从旁边经过。

工业园内建有可供出租的仓库、仓储中心和管理中心。管理中心占地87公顷,建有一个可供500辆卡车停放的国际转运中心,有加油站、银行、饭店、餐厅和娱乐中心等。

投资者可根据需要租赁或购买地块。允许入驻努瓦塞尔工业园的产业主要有农产品加工、纺织制革、冶金、机械、电力、电子以及化工、制药等工业。园区配套服务包括营销、维护、工程、培训、财务和金融服务等。另外,入驻企业有可能获得哈桑二世基金的支持。

3）摩洛哥布斯库拉工业园

布斯库拉工业园位于卡萨布兰卡大区布斯库拉乡，位于卡萨布兰卡市东郊，离卡萨布兰卡港约20公里，离卡萨布兰卡穆罕默德五世机场约17公里。

园区主要吸收无污染、能创造就业企业的投资。

4　货币管理

摩洛哥迪拉姆是摩洛哥现行通用货币，迪拉姆由其中央银行负责发行。摩洛哥迪拉姆的钞票面额有5、10、50、100、200迪拉姆等，另有1、2、5、10、20、50分及1迪拉姆铸币。摩洛哥经济与财政部和央行马格里布银行于2015年4月13日发布公告，决定调整本国货币迪拉姆汇率形成机制，迪拉姆汇率由欧元和美元组成的货币篮子决定。此次调整将欧元与美元的权重由之前的80%和20%调整为60%和40%，目的是更好地反映摩洛哥外贸结构比例，也是摩洛哥走向汇率灵活化的第一步。

5　税收体系

摩洛哥税法实行属地和属人相结合的原则。为适应经济快速和可持续发展的需要，从1986年开始，摩洛哥开始了税务制度的改革，税收体制逐步趋于合理化和现代化。摩洛哥的税赋包括城市税、市政税、营业税、公司税、不动产收益税、所得税、增值税、注册税、公证税、印花税、关税、进口附加税和国内消费税等。每年3月完成上一年财报，并进行纳税申报，实际缴税按照季度进行，年底前缴完。

（1）公司税

征税对象为资本公司、合伙公司、合作社、营利性公共机构和法人等。由自然人组成的无限责任公司、两合公司和隐名合伙公司可选择缴纳公司税或所得税。2008年1月1日起，公司税的税率降为公司利润的30%，金融机构的税率为37%。此外，还规定了最低缴纳额（免税营业额的0.5%），即不论公司经营效益如何，必须最低缴纳一定金额的公司税。但对于新成立的公司，如果头36个月内经营亏损，可以免缴该最低额。外国承包公司在当地承揽项目，可以选择包税制，即按免税营业额的8%缴纳公司税，而其他的税，如源头税就可以不缴。

（2）所得税

征税对象为自然人、共有财产的拥有成员、由自然人组成的不缴纳公司税的无限责任公司、简单两合公司和隐名合伙公司，以及完全由自然人组成的事实公司。执行累进税制，税率如下表所示。

所得税累进税制

年收入档次（迪拉姆）	税　　率	扣除数（迪拉姆）
0 ~ 30000	0	0
30001 ~ 50000	10%	3000
50001 ~ 60000	20%	8000
60001 ~ 80000	30%	14000
80001 ~ 180000	34%	17200
180000 以上	38%	24400

注：计算公式为：年纳税额 = 年收入 × 税率 − 扣除数。
资料来源：摩洛哥经济与财政部。

（3）增值税

摩洛哥境内所有工业、贸易、手工业、自由职业活动及进口货物均需缴纳增值税。增值税率有7%、10%、14%和20%四档，正常税率为20%，其余为降低的增值税税率，适用于某些特定商品和服务。对于直接进口和在当地采购的装备，其增值税可用于抵扣。境内增值税和进口固定资产的装备、设备及工具的增值税免除做法是先将款项扣留，计入扣留科目内，有关纳税企业可用此款项抵扣购买上述资产的增值税税款。增值税结清后，上述数额有可能退回。

（4）注册税

公司创立和增资时，按注册资金的0.5%缴纳注册税，数额不足1000迪拉姆的按照1000迪拉姆收取。购置土地按买价的5%征税，若土地平整后分块出售作工业或商业用地，则其注册税为2.5%；若确保土地用于36个月内建成的工业或商业项目，则税率为0；购买已建成的工业和商业用房，税率为25%。

（5）城市税

个人出租房屋租金收入按所得税申报，企业出租自有房屋的租金收入须缴纳城市税，税率为租赁价的13.5%。

（6）印花税

在摩洛哥申请注册公司、产权转移、资格或权利认证、申请获得行政许可等均须按规定缴纳印花税。税率因活动类别不同而有所区别。

（7）源头税

针对向境外个人或企业支付的服务费用、酬劳、佣金或外国董事津贴、股息等进行源头扣缴，为支付金额的10%。

（8）进口关税

根据进口商品的不同而征收从价税。为投资推广和扩大需求而进口的设备物料、工具及其配件的进口关税或为2.5%，或为10%。此外，在摩洛哥开办和经营公司还需缴纳公证税、市政税、营业税等。

四 产业发展

1 农业

摩洛哥农业在国民经济中占有重要地位。2013 年,农业占国内生产总值的 16.57%。全国可耕地面积为 895 万公顷,农业人口占全国总劳动力的 42%。2013~2014 年粮食产量为 350 万吨,同比下降 27%。摩洛哥农业产量起伏较大,粮食不能自给。

2 采掘和半加工业

摩洛哥是世界第三大磷酸盐生产国,也是世界第一大磷灰石和磷酸盐衍生产品出口国。摩洛哥采掘业以磷酸盐的开采和加工为主,磷灰石年产量为 3000 多万吨,其中一半用于出口。2013 年,磷酸盐及其附属产品出口额达 371.39 亿迪拉姆,占全国出口总额的 20.22%。

3 农业食品行业

农业食品是摩洛哥重要的传统加工行业,最近十多年来发展很快。该行业主要从事农产品和海产品的加工,产出随着农业收成的好坏而波动。目前,全国约有相关企业 2000 家,产品的 17% 用于出口,产品中的 80% 是鱼和果蔬罐头。全国有

20家糖厂，大约能满足国内市场需求的一半。该行业面向国内和国外两个市场。主要出口产品有：橄榄油、水果罐头、蔬菜和水产品。摩洛哥生产的沙丁鱼罐头一半以上出口到欧盟，约占欧盟市场供应的25%。面向其国内市场供应的主要是：面粉、意大利面制品和蒸粗麦粉（摩洛哥传统食品）、糖、奶制品、植物油、饮料和烟草。

4　纺织品和制革业

这是摩洛哥重要的传统支柱产业，增长中的出口导向行业。该行业多数原材料和半成品，如纺纱和衣料靠进口，而生产的衣料和服装则多数用于出口。其出口产品以梭织服装为主，多采用来料加工的贸易方式。法国、西班牙、意大利等国的一些知名品牌在摩洛哥进行加工制作。全国现有纺织企业约1900家。

5　化工及其相关产业

该行业是摩洛哥重要的支柱产业，最近几年来发展很快，在产值、投资及出口方面，均为制造业5大门类之首。全国现有相关企业约2330家。2013年，全行业生产增幅为3.2%。

6　金属和机械行业

该行业主要生产金属制品和各类机械设备，全国现有相关企业约 1500 家。近年来，在汽车工业的带动下，全行业发展较快。2013 年该行业生产指数增长了 5%，其中，汽车工业生产增长了 14.2%。

7　电气和电子行业

该行业产品包括：电气设备、电子元器件、精密仪器、光学仪器和钟表制造设备等。近年来，许多欧洲制造商和电子公司将其电缆和部件生产转移到摩洛哥，以利用其接近欧洲的地理优势和廉价而具备熟练技能的劳动力（丹吉尔保税区就吸引了大量的此类投资），大大促进了摩洛哥电气和电子行业的发展。全国现有相关企业 200 多家。该行业产值占 GDP 的比重较小，但是重要性不断提高。

8　手工业

手工业是摩洛哥的传统行业，是吸收就业的重要部门，也是创造外汇收入的重要部门之一。手工制品中最负盛名的是摩洛哥地毯，年产量在 30 万条以上。此外，还有陶器、铁艺制品、木制品（特别是侧柏木制品）、传统服装、藤柳编制品、皮件、铜制品等。摩洛哥手工业集中在主要的旅游城市，如非斯、马拉喀什、梅克内斯等。但手工业制品的出口则主要集中在拉巴特和卡萨布兰卡，其主要出口市场为欧盟、北美、中东及非洲阿拉伯国家。

9　旅游业

旅游业是摩洛哥的经济支柱，是仅次于出口和侨汇的第三大外汇来源和吸收就业的主要部门，成为推动经济和社会发展的重要力量。目前，全国旅游从业人口达40多万人。2013年，摩洛哥的外国游客达532万人次，旅游业产值达93.3亿美元。

五　金融体系

1　摩洛哥银行体系

摩洛哥银行分为中央银行、商业银行、投资银行以及非银行金融机构4类。

中央银行名为马格里布银行，负责发行货币、监管市场、发行国家债券等。

摩洛哥商业银行共18家（其中大银行5家，占有大部分的市场份额）。最大的商业银行是Attijariwafa银行，占据了1/4的市场。

在摩洛哥开展业务的外资银行有三类：①控股摩洛哥银行，如巴黎国民银行（BNP Paribas）、法国兴业银行（Societe General）和法国农业信贷银行，分别控股摩洛哥工商银行（BMCI）、摩洛哥银行总公司（SGMB）和摩洛哥信贷银行；②西班牙国家银行（Banco Santander）参股摩洛哥Attijariwafa银行；③美国花旗银行（Citibank）和阿拉伯银行在摩洛哥直接设立了分行。

目前中国尚无金融机构在摩洛哥设立分支机构。摩洛哥与中国国内银行合作较多的银行一是摩洛哥外贸银行（BMCE），其在北京设有办事处；二是Attijariwafa银行，其与中国银行签有合作谅解备忘录。

特别提示

★ 中摩合作伙伴关系是"三角关系",即政府、企业和银行。银行的责任是做投资者的先行者,给投资者探路。

★ 摩洛哥当前仍致力于发展伊斯兰金融市场,推动伊斯兰银行在海湾地区及东南亚地区的发展。

★ 美国《福布斯》杂志公布了 2015 年度全球企业 2000 强,摩洛哥有 3 家银行入围,分别是 Attijariwafa 银行、人民中央银行和摩洛哥外贸银行。该榜单认为,Attijariwafa 银行市值为 77 亿美元,总资产 443 亿美元,利润为 5.18 亿美元,在榜单中排名第 1138 位。另外两家银行的排名分别为第 1855 位和第 1975 位。

★ 2014 年摩洛哥银行共发放信贷 7630 亿迪拉姆(约合 936 亿美元),同比微增 2.2%。2010~2013 年摩洛哥信贷增速分别为 7.6%、10.5%、4.5% 和 3.5%。2014 年信贷增速放缓的原因主要是金融信贷同比减少 135 亿迪拉姆。

★ 2015 年 5 月 18 日,银联国际与摩洛哥最大银行 Attijariwafa 银行在卡萨布兰卡签署合作协议,约定年内开通该行旗下在摩洛哥境内所有 ATM 受理银联卡,当地 ATM 受理面迅速扩大到四成。

2　摩洛哥外汇市场

摩洛哥属外汇管制国家，外汇管理部门为外汇管理局。在摩洛哥，不能建立个人外汇账户，也不能持有任何外汇现金，商品或服务出口所得外汇，或携带入境的外汇均须出售给摩洛哥中央银行，个人保留部分外汇留成份额，以可兑换迪拉姆账户形式或外汇额度形式存于银行；对于进口商品或服务或支付其他国际杂费所需外汇，由摩洛哥企业或个人向银行申购；摩洛哥国民个人出国旅游，包括出差、留学、就医等，均可享受外汇额度并可直接向银行申购外汇。外国个人和企业，可建立外汇账户或可兑换迪拉姆账户，但外汇账户中的外汇入账后即自动兑换成可兑换迪拉姆，提取外汇时，外国个人或企业需向摩洛哥银行购买外汇。1996年4月1日，摩洛哥建立了外汇买卖市场。

外国自然人或法人，以及在国外定居的摩洛哥人，在摩洛哥投资所取得的收益、分红、利息等收入，在缴纳现行法律规定的税赋后可自由汇出，不受数额及时间的限制。

根据摩洛哥出入境和外汇管理相关规定，外国人出入境携带10万迪拉姆以上等值外币现钞必须申报。

特别提示

★摩洛哥国民，不管是自然人还是法人，也不管是当地居民还是海外侨民，均不能建立个人外汇账户，也不能持有任何外汇现金。
★ 在摩洛哥的外汇买卖市场上，只有银行可进行外汇自由买卖，其他机构或个人均不得直接从事外汇买卖。

3 摩洛哥资本市场

（1）证券市场

卡萨布兰卡证券交易所成立于1929年，是摩洛哥唯一的证券交易市场，也是非洲古老的证券交易市场之一，经营股票、期货、债权、投资凭证、衍生工具交易。

近年来，卡萨布兰卡证交所表现活跃，业绩突出，在过去10年中，交易所总市值以平均每年15%的速度递增，成为非洲地区仅次于南非约翰内斯堡证券交易所的第二大证券交易所，是西部非洲和马格里布地区最大的证券交易所。摩洛哥证券市场也由于卡萨布兰卡证交所的出色表现，被认为是世界上发展快、回报率高的金融资本市场之一。2013年11月，摩根士丹利将卡萨布兰卡证交所从新兴市场调至周边市场指数。2013年，在卡萨布兰卡证交所上市的公司有76家，市值大约为1560亿美元。

摩洛哥政府计划通过进一步推动卡萨布兰卡证交所的机构设置改革和现代化建设，健全和完善摩洛哥的金融市场，吸引更多的国内外公司挂牌上市，将卡萨布兰卡打造成为北非甚至整个非洲地区的金融中心。

（2）保险市场

摩洛哥现有 20 家左右的保险与再保险公司，保险业务量和收入在非洲仅次于南非，居第二位。一些大保险公司的保费年收入超过 10 亿迪拉姆。1997 年，摩洛哥政府曾对保险业市场进行整顿，有 5 家资不抵债的公司被淘汰。从 2001 年 7 月起，随着摩洛哥价格与竞争自由化法规的出台，各保险公司可以自定保险费率。

摩洛哥
MOROCCO

第四篇
双边关系

摩洛哥
MOROCCO

一　双边政治关系

　　中国与摩洛哥相距遥远，但是两国友好交往历史悠久。根据中国古典文献记载，早在公元 8 世纪，中国唐朝的杜环就曾到达摩洛哥。14 世纪时，摩洛哥伟大的旅行家伊本·白图泰和中国的大旅行家汪大渊几乎在同一时期"互访"。中国古代文明的许多成就，如造纸术和火药等，均由摩洛哥传至欧洲。在近代史上，两国都曾遭受西方殖民主义者的侵略，饱受国家主权被外族践踏的痛苦。在现代史上，两国都十分珍惜各自获得的独立以及主权和领土的完整。摩洛哥和中国建交 48 年来，摩洛哥对中国外交政策的基点是巩固和发展两国友好合作关系，两国关系发展的重要基础是政治上的相互信任和支持。两国的政治关系基本平稳，在许多重大国际和地区事务中一直相互理解和支持，共同维护发展中国家的权益。双方在经贸、文化和卫生等领域积极开展合作，取得了显著成果。

　　进入 21 世纪后，随着中国综合国力的增强和国际影响力的提高，摩洛哥与中国以相互尊重为基础，建立了一种新的协商对话机制。两国高层领导人互访频繁，既显示了两国关系平稳发展，又推动了两国进一步的友好合作。特别是 2002 年 2 月，穆罕默德六世国王对中国进行访问，这也是两国建交 40 多年来摩洛哥国王首次访华，极大地推动了两国关系的发展。2014 年，摩洛哥国王穆罕默德六世对中国进行访问，此次访问推动双边友好合作全方位纵深快速发展，中摩关系将达到前所未有的历史高度。

二 双边经济关系

1 双边贸易

摩洛哥地处古丝绸之路的最西端,连接非洲、欧洲和阿拉伯世界,地理位置独特,是开展多边合作的绝佳平台。为适应经济全球化的大趋势,中国与摩洛哥将双方经贸合作关系提高到一个新的高度。两国政府间成立经济、贸易和技术混委会。中国加入世贸组织,为双方的经贸合作提供了更多的机会,两国政府和企业在更深层次上进行经济合作,促进了摩、中双边关系进一步发展。

在经贸关系方面,两国进出口贸易有较大幅度增长。摩洛哥统计局公布的数据显示,2014年,中摩双边货物进出口额为37.5亿美元,增长8.7%。其中,摩洛哥对中国出口2.7亿美元,下降21.9%,占摩洛哥出口总额的1.1%,下降0.5个百分点;摩洛哥自中国进口34.8亿美元,增长12.1%,占摩洛哥进口总额的7.6%,提高0.7个百分点。2014年,摩洛哥对中国贸易逆差32.1亿美元,增长15.9%。

2014年,摩洛哥对中国出口最多的商品有矿砂、铜及制品、肥料、工业配制饲料、航天器及其零件、动植物油。其中,矿砂、铜及制品、肥料为对中国主要出口产品,合计占摩对中国出口总额的45.1%。其他对中国出口的商品还有水产品、铝及制品、建筑材料、钢铁制品、塑料制品、金属制品和皮革制品等。摩洛哥自中国进口的商品种类繁多，主要有机电产品、机械设备、茶叶、针织产品、钢铁制品、运输设备。2014年，摩洛哥自中国进口上述六类商品合计为19.3亿美元，增长29.5%，占摩洛哥自中国进口总额的55.5%。除上述产品外，摩洛哥自中国进口的商品还有金属线材、塑料制品、玻璃制品、鞋类制品、灯具和医疗设备等[1]。

2 双边经济合作

面对全球化的挑战，摩洛哥调整对中国的外交政策，保持与中国在政治、经济和科技等领域的友好合作关系，并着重扩大在经贸方面的合作。在经济上，两国合作领域进一步扩大，合作项目明显增多，两国签署了多项协定，其中包括1992年6月的《中国和摩洛哥政府经济技术合作协定》，1995年的《经济和贸易协定》、《投资保护协定》和1996年的《民事和商事司法协助协定》。1996年，两国签署一项协议，决定在两国外交部之间建立定期政治磋商制度，进一步加强双边政治关系和促进两国经贸合作。20世纪90年代末，经贸关系成为两国友好合作关系的一个重要组成部分，合作领域扩大，合作项目增多。

目前，中国在摩洛哥投资的公司仅30家左右。主要包括两类，一类是以华为、中兴为代表的ICT企业，另一类则是从事工程建设的企业。在旅游方面，2013年到摩洛哥旅游的中国

---

[1] 《2014年摩洛哥与中国的双边贸易额为37.5亿美元》，http://www.askci.com/news/2015/05/06/105536b7bz.shtml。

游客仅有五六百人，两国在此方面的合作有待进一步发展。中摩两国之间的经济合作热度正在逐步升温，合作领域包括纺织服装业。摩洛哥纺织成衣工业协会表示非常希望与中国伙伴共同开拓欧美市场。

2014年3月6日，《中华人民共和国政府与摩洛哥王国政府关于互免持外交、公务护照人员签证的协定》正式生效。对于有意去摩洛哥投资的中国商人，摩洛哥使馆还将签发为期一年的长期签证，并愿意提供必要的协助。

特别提示

- ★ 1995年3月，中国与摩洛哥双方签署了《投资保护协定》。
- ★ 2002年4月，双方签署了《避免双重征税协定》。
- ★ 中资企业不能使用人民币在当地开展跨境贸易与投资合作。
- ★ 2015年1月，摩洛哥企业联合总会和摩洛哥外交与合作部共同举办了第一届"中国—摩洛哥经济论坛"。随着论坛的开展，中国、摩洛哥两国签署了20多份合作协议，主要涉及银行、旅游、能源、矿产、基建、房建与公共工程和农业综合企业。

三　摩洛哥主要华人商会

摩洛哥中资企业协会
地址：Chantier Commune Rurale Oum Azza Ei Menzeh
电话：00212661456586
传真：00212673763719

四 摩洛哥当地主要中资企业

境内投资主体	境外投资企业（机构）	归属	经营范围
中电科技国际贸易有限公司	中电科技国际贸易有限公司驻摩洛哥办事处	中央企业	对外联络、售后服务、市场开拓
中国港湾工程有限责任公司	中国港湾工程有限责任公司摩洛哥分公司	中央企业	各类工程总承包业务及提供与各种建筑项目有关的服务，包括但不限于技术协助、咨询、管理、经营并履行一切必要之协议
中铁八局集团有限公司	中铁八局集团有限公司摩洛哥分公司	中央企业	工程承包、设备租赁、设备材料进出口
中航技进出口有限责任公司	中航技驻摩洛哥代表处	中央企业	市场开拓、项目开发、产品销售、售后服务及信息采集
中国葛洲坝集团股份有限公司	中国葛洲坝集团股份有限公司摩洛哥代表处	中央企业	市场开发和项目监管
中国水产有限公司	大西洋船厂，大西洋公司，等等	中央企业	机械维修，捕捞，水产品及船舶贸易，等等
中国石油集团东方地球物理勘探有限责任公司	东方物探摩洛哥有限责任公司	中央企业	地球物理勘探服务，包括数据采集、处理及解释等服务；与上述工程有关的相关设备研究、制造、销售、进出口、租赁、维修等服务；IT业务。
中国海外工程有限责任公司	中国海外工程有限责任公司驻摩洛哥办事处	中央企业	负责项目管理
中国水利电力对外公司	中国水利电力对外公司摩洛哥分公司	中央企业	主要负责本地区经营项目的运营、管理以及新项目的开发工作
中地国际工程有限公司	中地国际摩洛哥分公司	中央企业	承包工程及相关进出口贸易

详细中资企业名录请参见：

中国商务部"中国对外投资和经济合作"网站⇨"境外企业（机构）"，相关网址为http://wszw.hzs.mofcom.gov.cn/fecp/fem/corp/fem_cert_stat_view_list.jsp。

特别提示　中国企业如何在摩洛哥建立和谐关系？

★ 加强与政府的沟通与交流

中资企业要关注摩洛哥政府施政纲领中的焦点和热点，保持与所在辖区议员和政府官员的沟通，报告公司发展动态和对当地经济与社会发展所做贡献，反映企业在发展中遇到的难题。

★ 妥善处理与工会的关系

在摩洛哥开展经营活动的中资企业要避免劳资纠纷，维护企业正常经营，就必须学会妥善处理与工会的关系。要深入了解相关法律法规；严格按照法律规定用工；积极参加雇主协会；正确履行法律赋予的权利；构建宽松和谐的企业文化氛围。

★ 密切与当地居民的关系

中国企业应聘用当地人员参与企业管理，实行属地化经营，这样既可以促进当地就业，又可以借由他们与当地居民开展双向的文化交流。

★ 依法保护生态环境

中国企业在摩洛哥投资经营，要根据当地法律要求综合评估投资项目对当地生态环境的影响,在规划设计中选择最优方案。在项目实施过程中,中国企业须严格遵守摩洛哥有关法律法规,切实保护当地环境。

★ 承担必要的社会责任

中国企业要主动承担社会责任,投入一定的人力和资源关注当地民众关心的热点问题,参与公益事业,回馈所在国社会,拉近与当地居民的距离;着眼持续发展,坚持诚信经营,提高安全意识,遵守社会公德。

★ 懂得与媒体打交道

摩洛哥新闻自由度高,媒体在影响公众意见,甚至在当局做出重大决策过程中也具有重要作用。中资企业在摩洛哥应学会与媒体打交道,树立良好的公众形象,与当地媒体建立良好合作关系,注重向媒体披露企业经营信息,树立危机公关意识,引导媒体对相关事件进行正面、公正的报道。

★ 学会与执法人员打交道

维护摩洛哥社会秩序的政府力量包括警察、工商、税务、海关等部门。主要执法手段有查验身份证件、依法对某些地点进行搜查等。中资企业工作人员要学会与执法人员打交道,积极配合其执行公务。

★ 此外,中资企业应避免与当地同行企业发生恶性竞争,应提供高质量的商品或服务,以维护企业及国家的形象。